¿SANA DIOS HOY EN DÍA?

NICKY GUMBEL

¿Sana Dios hoy en día?
Título original: *Does God Heal Today?*
Publicado por primera vez en 1993 como parte de *Alpha—Preguntas de la vida.*

© 1993 Nicky Gumbel

Traducción española © 2009 Alpha International, Holy Trinity Brompton, Brompton Road, Londres SW7 1JA, Reino Unido.

Quedan rigurosamente prohibidas, sin la autorización escrita de los titulares del copyright, según las sanciones establecidas en las leyes, la reproducción total o parcial de esta obra por cualquier método o procedimiento, comprendidos la copia y el tratamiento informático, así como la distribución de ejemplares de ella mediante alquiler o préstamo públicos.

Esta edición ha sido publicada mediante un acuerdo especial con Kinsgway. Los derechos de autor de Nicky Gumbel están vigentes según lo dispuesto por la Ley de Patentes, Diseños y Derechos de Autor de 1988 (*Copyright, Designs and Patent Act* 1988).

Edición 2009, traducción de Jaime Álvarez Nistal revisada por Rosa María Leveritt-Santiváñez y José Alberto Barrera Marchessi.

Textos bíblicos tomados de la SANTA BIBLIA, NUEVA VERSIÓN INTERNACIONAL® NVI®. Derechos de autor © 1999, Sociedad Bíblica Internacional®. Usado con el permiso de la Sociedad Bíblica Internacional®. Todos los derechos reservados.

Ilustraciones de Charlie Mackesy

ISBN 978-1-934564-88-2

ÍNDICE

La sanación en la Biblia	7
La sanación en la historia de la iglesia	12
La sanación hoy en día	15
Notas	21

¿SANA DIOS HOY EN DÍA?

Hace algunos años, una chica japonesa nos pidió a Pippa y a mí que oráramos para que se le sanara la espalda. Le impusimos las manos y pedimos a Dios que la sanara. Después de eso, intenté esquivarla a toda costa porque no sabía cómo explicarle por qué no se había sanado. Un día coincidí con ella al doblar una esquina y no pude evitar el encuentro. Pensé que, por educación, tenía que hacerle la temida pregunta: «¿Cómo va tu espalda?».

—Oh —contestó—, se sanó completamente después de que oraran por ella.

No sé por qué estaba tan sorprendido, pero lo estaba.

En 1982, John Wimber vino a predicar a nuestra iglesia. En aquel momento, yo ejercía como abogado. Recibí su visita con recelo no sólo porque él venía de California a hablar sobre la sanación, sino también porque quería que «practicáramos la sanación». Aunque ya había oído algunas charlas sobre la sanación, nadie nos había sugerido que la pusiéramos en práctica. Eso era un terreno totalmente desconocido. Después de haber hablado a un grupo de sesenta líderes de la iglesia, anunció que tendríamos un descanso para tomar un café, tras el cual proseguiríamos con un taller práctico.

Estábamos bastante nerviosos por lo que se nos avecinaba y prolongamos el descanso del café todo lo que pudimos. Cuando regresamos, los que habían ocupado hasta entonces las primeras filas pensaron que sería demasiado egoísta por su parte acaparar los mejores sitios, ¡así que se apresuraron a sentarse en las últimas filas! John dijo entonces que su equipo había recibido doce «palabras de conocimiento» sobre las personas que estaban en la sala. Nos explicó que por «palabra de conocimiento» (1 Corintios 12,8) se refería a una revelación sobrenatural de hechos relacionados con una persona o situación, que no se adquiere mediante el esfuerzo de la mente natural, sino que la da a conocer el Espíritu de Dios. Ésta podía percibirse en forma de imagen, de palabra vista u oída en la mente o de un sentimiento físico. Después de eso, leyó la lista de las palabras de conocimiento y añadió que iba a invitar a algunas personas a que se adelantaran para recibir oración.

Una a una, las personas fueron respondiendo a lo que resultaron ser descripciones bastante detalladas. Una palabra, por ejemplo, era para un hombre que se había lesionado la espalda cortando leña cuando tenía catorce años. El nivel de fe en la sala empezó a aumentar. Todas las palabras de conocimiento tuvieron respuesta. Una de ellas estaba relacionada con la esterilidad. Los ingleses no hablamos abiertamente de esos temas y mucho menos respondemos a «palabras de conocimiento» sobre ellos. Sin embargo, una joven que había sido incapaz de concebir, se adelantó valientemente. Oraron por ella y tuvo su primer hijo, de un total de cinco, ¡exactamente nueve meses más tarde!

La actitud con la que viví esa tarde refleja el miedo y el escepticismo que muchos sienten hoy en día respecto al tema de la sanación. Decidí profundizar en la Biblia para intentar comprender lo que se dice sobre la sanación. Naturalmente, Dios sana con la cooperación de médicos, enfermeras y otros profesionales de la salud, pero, cuanto más investigo, más convencido estoy de que también hoy deberíamos esperar que Dios sane milagrosamente.

La sanación en la Biblia

En el Antiguo Testamento descubrimos que sanar es algo propio de Dios: «Yo soy el Señor, que les devuelve la salud» (Éxodo 15,26). También descubrimos que las promesas de Dios anuncian la sanación de los que le escuchan y le adoran (ej. Éxodo 23,25-26; Salmo 41). Encontramos, además, varios ejemplos de sanaciones milagrosas (ej. 1 Reyes 13,6; 2 Reyes 4,8-37; Isaías 38).

Uno de los ejemplos más llamativos es la sanación de Naamán, jefe del ejército del rey de Siria, que estaba enfermo de lepra. Dios le sanó después de haberse bañado, a regañadientes, siete veces en el río Jordán. «Su piel se volvió como la de un niño, y quedó limpio» (2 Reyes 5,14), y reconoció que el Dios de Israel era el único Dios verdadero. Eliseo, quien le había dado las instrucciones a Naamán, rechazó el pago que Naamán le quería hacer (aunque su criado Guiezi cometió el terrible error de mentir para intentar conseguir dinero para sí como resultado de la sanación). A raíz de esta historia vemos, por un lado, que la sanación puede tener un efecto extraordinario en la vida de la persona sanada —no sólo físicamente, sino también en su relación con Dios—. La sanación y la fe van de la mano. Por otro lado, si Dios actuó de ese modo en el Antiguo Testamento, cuando sólo había destellos del reino de Dios y del derramamiento del Espíritu, podemos esperar con confianza que lo hará con más intensidad ahora que Jesús ha inaugurado el reino de Dios y la era del Espíritu.

Las primeras palabras de Jesús registradas en el evangelio de San Marcos son: «Se ha cumplido el tiempo […]. El reino de Dios está cerca. ¡Arrepiéntanse y crean la buena nueva!» (Marcos 1,15). El tema del reino de Dios es central en el ministerio de Jesús. Las expresiones «el reino de Dios» y «el reino de los cielos» aparecen más de ochenta y dos veces, aunque la última es exclusiva del evangelio de Mateo[1]. En griego, la palabra «reino» no sólo significa 'reino' como dominio político o extensión geográfica, sino que también se refiere a la acción de gobernar.

En la enseñanza de Jesús, el reino de Dios posee una dimensión futura que sólo se cumplirá con un acontecimiento decisivo que tendrá lugar «al final del mundo» (Mateo 13,49). El final del mundo llegará cuando Jesús regrese. Cuando vino por primera vez, lo hizo en debilidad; cuando regrese, lo hará «con poder y gran gloria» (Mateo 24,30). La historia progresa hacia ese clímax (Mateo 25,31). En total, hay más de trescientas referencias a la segunda venida de Cristo en el Nuevo Testamento. Su regreso será obvio para todos. La historia, tal y como la conocemos, acabará. Habrá una resurrección universal y un día de juicio (2 Tesalonicenses 1,8-9; Mateo 25,32). Para algunos (los que rechazan a Cristo), será un día de destrucción (2 Tesalonicenses 1,8-9); para otros, será el día en el que recibirán como herencia el reino de Dios (Mateo 25,34).

Habrá un cielo nuevo y una tierra nueva (2 Pedro 3,13; Apocalipsis 21,1). El mismo Jesús estará allí (Apocalipsis 21,22-23) con todos los que le aman y le obedecen. Será un lugar de gozo intenso y permanente (1 Corintios 2,9). Tendremos nuevos cuerpos que serán incorruptibles y gloriosos (1 Corintios 15,42-43). Ya no habrá muerte, ni llanto, ni lamento, ni dolor (Apocalipsis 21,4). Todos los que creen serán completamente sanados ese día.

Hasta la llegada de ese día, vivimos en una actitud de

espera. En palabras de Pablo: «Nosotros [...] gemimos interiormente, mientras aguardamos [...] la redención de nuestro cuerpo» (Romanos 8,23). Es decir, esperamos con impaciencia la nueva era, en la que Dios será «todo en todos» (1 Corintios 15,28). Es importante tener presente esta perspectiva eterna cuando reflexionamos sobre el tema de la sanación, porque, en el tiempo presente, no todas las personas se sanan.

Un buen amigo mío, Patrick Pearson-Miles, no se ha sanado. Sufre de insuficiencia renal y ha estado sometido a la diálisis durante más de veinticinco años. Es un hombre extraordinariamente valiente y de mucha fe. Ha estado orando por su sanación durante muchos años y nosotros también hemos orado por él muchas veces, pero, hasta ahora, no ha sido sanado. Patrick compartió con nosotros lo mucho que le ayudó una conversación que mantuvo con John Wimber, quien sufrió de cáncer durante muchos años. John le dijo: «El auténtico don es el de la salvación, la vida eterna, todo lo que Jesús nos concede. Si somos sanados físicamente en esta vida, eso es un añadido, si es que podemos llamarlo así». Es fundamental, pues, tener siempre presente esta dimensión futura del reino de Dios.

No obstante, como se desprende de la enseñanza y de la vida de Jesús, el reino también posee una dimensión presente. Jesús dijo a los fariseos: «El reino de Dios está entre ustedes» (Lucas 17,20-21). El reino es, pues, para el aquí y el ahora; los signos de su llegada son evidentes para nosotros. En las parábolas del tesoro escondido y de la perla de gran valor (Mateo 13,44-46) Jesús enseñó que el reino es algo que puede descubrirse y experimentarse en el presente. Se dispuso, además, a demostrar esta realidad presente del reino a través de todo lo que hizo durante su ministerio, como el perdón de los pecados, la eliminación del mal y la sanación de los enfermos.

El reino es, al mismo tiempo, un «ya pero todavía no». La expectativa judía era que el Mesías inauguraría inmediatamente el reino final como se muestra en el siguiente esquema:

MUNDO ACTUAL	MUNDO VENIDERO

La enseñanza de Jesús fue una modificación de esa concepción del reino y puede sintetizarse en el siguiente diagrama:

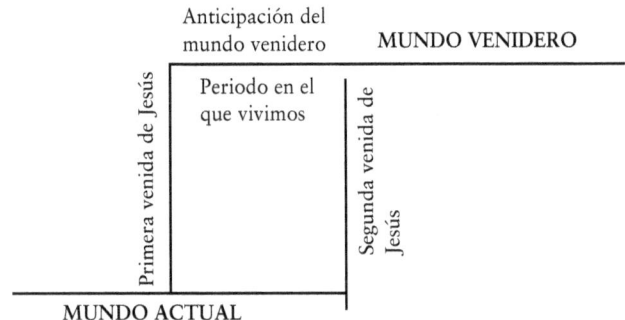

Vivimos entre dos mundos, es decir, en el momento en el que el mundo venidero ha irrumpido en la historia. Somos testigos de sanaciones físicas en las personas y de liberaciones de las adicciones. El mundo antiguo continúa, pero los poderes del nuevo mundo han irrumpido en el actual.

Una cuarta parte de los evangelios habla sobre la sanación. Aunque Jesús no sanó a todos los enfermos de Judea, a menudo aparece sanando a individuos o a grupos de personas (ej. Mateo 4,23; 9,35; Marcos 6,56; Lucas 4,40; 6,19; 9,11). Era algo que formaba parte de la actividad normal del reino.

Jesús predicó la buena nueva del reino y sanó a los enfermos. Luego envió a los doce apóstoles a que hicieran exactamente lo mismo. Jesús les dijo: «Prediquen este mensaje: "El reino de los cielos está cerca". Sanen a los enfermos, resuciten a los muertos, limpien de su enfermedad a los que tienen lepra, expulsen a los demonios [...]» (Mateo 10,7-8).

Jesús no sólo envió con esas palabras a los doce. Había, además, otro grupo de setenta y dos discípulos a los que escogió para que hicieran lo mismo. Les dijo: «Sanen a los enfermos [...] y díganles: "El reino de Dios ya está cerca de ustedes"» (Lucas 10,9). Ellos regresaron llenos de alegría y dijeron: «Señor, hasta los demonios se nos someten en tu nombre» (v. 17).

Jesús tampoco se limitó a los doce ni a los setenta y dos apóstoles. Él esperaba que *todos* sus discípulos hicieran lo mismo. Dijo a sus discípulos: «Vayan y hagan discípulos de todas las naciones [...], enseñándoles a obedecer *todo* lo que les he mandado a ustedes» (Mateo 28,18-20, cursiva del autor). Jesús no dijo: «Todo excepto, naturalmente, la parte de la sanación».

Además, si nos fijamos en el desarrollo de la iglesia en el Nuevo Testamento, vemos que eso es lo que hicieron. En el libro de los Hechos de los Apóstoles observamos la puesta en práctica de lo que Jesús encomendó a sus discípulos. Los discípulos continuaron predicando y enseñando, pero también sanaron a los enfermos, resucitaron a los muertos y expulsaron a los demonios. No sólo hablaron sobre ello: ¡lo hicieron! (Hechos 3,1-10; 4,9-12; 5,12-16; 8,5-13; 9,32-43; 14,3.8-10; 19,11-12; 20,9-12; 28,8-9). Es evidente, por 1 Corintios 12-14, que Pablo no creía que esos dones estuvieran limitados a los apóstoles. Asimismo, el autor de la carta a los Hebreos afirma que Dios ratificó su testimonio «con señales, prodigios, diversos milagros y dones distribuidos por el Espíritu Santo» (Hebreos 2,4).

En ningún lugar de la Biblia se sugiere que la sanación esté limitada a un periodo determinado de la historia. Por el contrario, la sanación es una de las señales del reino, que fue inaugurado por Jesucristo y que continúa hoy en día. Así pues, deberíamos esperar que Dios continuara sanando milagrosamente en la actualidad como algo propio de la actividad de su reino.

La sanación en la historia de la iglesia

Los escritores de la iglesia primitiva, como Cuadrado de Grecia, Justino Mártir, Teófilo de Antioquía, Tertuliano y Orígenes, revelan que la sanación formaba parte de la actividad de la iglesia primitiva.

Ireneo (130 aprox.-202) fue obispo de Lyon y uno de los teólogos de la iglesia primitiva. Escribió: «Otros, incluso, sanan a los enfermos imponiéndoles las manos, y éstos recuperan la salud».

Aproximadamente en la misma época, Orígenes (185-254), otro teólogo y escritor de la iglesia primitiva, afirmó de los cristianos lo siguiente: «Expulsan a los espíritus malignos, practican muchas sanaciones, prevén algunos acontecimientos [...]. El nombre de Jesús [...] puede acabar con las enfermedades».

Doscientos años después, todavía se esperaba que Dios curase a la gente directamente. S. Agustín escribió en *La Ciudad de Dios*: «Todavía hoy se realizan milagros en [el nombre de Cristo]»[2], y menciona el ejemplo de la sanación de un ciego en Milán. Después, describe la sanación de un hombre con quien vivía, llamado Inocencio:

Estaba sometido a tratamiento médico; ya le habían sajado unas cuantas fístulas complicadas que tuvo en el recto […]. En esas sajadas había soportado prolongados y terribles dolores. Se estimaba que no sería capaz de sobrevivir otra operación. A continuación nos pusimos a orar […], se arrojó al suelo tan impetuosamente como si hubiera sido postrado a impulso de un fuerte empujón, y comenzó a orar [...] con sollozos y gemidos que sacudían todos sus miembros y casi le paralizaban el espíritu [...].

Amaneció el día temido [de la segunda operación] […]. Entran los médicos, […] se aprestan los temibles instrumentos, […] se descubre el lugar, examina el médico y, atento y equipado [bisturí en mano], busca la fístula que hay que sajar. Mira con afán, palpa con los dedos, emplea todos los recursos; sólo encuentra la cicatriz bien cerrada. No serán mis palabras las que expresen la alegría, la alabanza y acción de gracias al Dios omnipotente y misericordioso que fluyeron de la boca de todos con lágrimas de gozo: es mejor dejarlo a la imaginación que tratar de expresarlo con palabras.[3]

Seguidamente, describe la sanación de «una mujer muy piadosa, Inocencia, de las primeras damas de la ciudad», que fue sanada de «un cáncer en un pecho, enfermedad incurable según los médicos [...]. El médico […] le preguntó intrigado de qué remedio se había servido». Cuando ella le contó que había sido Jesús quien la había sanado, él se enfureció y dijo: «¡Pensaba que ibas a revelarme un gran descubrimiento!». Ella, revolviéndose contra su indiferencia, replicó: «¿Acaso sanar un cáncer es algo tan grande para Cristo, que resucitó un muerto de cuatro días?».[4]

Agustín narra, a continuación, el caso de un médico que sufría de gota y que fue sanado «en el mismo bautismo», y el de un comediante que también fue sanado al recibir el bautismo, no sólo de una parálisis, sino también de una hernia. Agustín afirma saber de tantas sanaciones milagrosas que, en un momento dado, llega a decir: «¿Qué he de hacer? Urge la promesa de terminar [esta] obra y no puedo consignar aquí cuanto sé. [...] Se realizan todavía hoy muchos prodigios; los realiza el mismo Dios a través de quienes le place y como le place».[5]

Edward Gibbon —racionalista, historiador y erudito inglés—, conocido, sobre todo, como autor de la *Historia de la decadencia y caída del Imperio Romano* (1776-1788), enumera cinco causas del rápido y espectacular crecimiento del cristianismo. Una de ellas se refiere a «los poderes milagrosos de la iglesia primitiva», que Gibbon explica de la siguiente manera: «La iglesia cristiana, desde la época apostólica y de sus primeros discípulos, ha reivindicado una sucesión ininterrumpida de poderes milagrosos: el don de lenguas, el don de visiones, el don de la profecía, el poder de expulsar demonios, de sanar a los enfermos y de resucitar a los muertos». Gibbon pone de manifiesto la inconsistencia de su época, en la que «hay un escepticismo latente, e incluso involuntario adherido a las diposiciones religiosas más pías». A diferencia de lo que ocurría en la iglesia primitiva, Gibbon afirma que en la iglesia de su época «la admisión de verdades sobrenaturales, más que un consentimiento activo, es una fría y plácida aquiesciencia. Acostumbrada desde hace tiempo a observar y a respetar el orden invariable de la naturaleza, nuestra razón, o por lo menos nuestra imaginación, no está lo suficientemente preparada para afirmar la acción visible de la Divinidad». Se podría decir lo mismo, o incluso mucho más, de nuestra época. Con todo, a lo largo de la historia de la iglesia, Dios ha continuado sanando directamente a la gente.

La sanación hoy en día

Algunas personas creen que Dios escogió limitar las sanaciones milagrosas a la época de la iglesia primitiva. Pero Dios continúa sanando a la gente hoy en día. De hecho, hay tantas historias maravillosas sobre sanaciones realizadas por Dios que es difícil saber cuál escoger como ejemplo.

Una vez conocí a una mujer llamada Jean Smith, que entonces tenía unos sesenta años. Dieciséis años y medio antes, había tenido una infección que había destruido, de manera irreversible, parte de la retina y del nervio óptico de sus ojos y que le causó una ceguera total. Además de tener que depender de un perro guía, sufría dolores terribles. Bastantes años después, participó en Alpha en su iglesia local, en Gales. En el fin de semana Alpha, experimentó el poder del Espíritu Santo como nunca antes lo había hecho. Sorprendentemente, el dolor que había sufrido durante tantos años sencillamente desapareció. Fue a la iglesia esa misma tarde, para dar gracias a Dios. El ministro de su iglesia se ofreció para ungirla con aceite como símbolo de la sanación que se había producido en ella durante el fin de semana (de acuerdo con la práctica bíblica). Al secarse el aceite del rostro, miró hacia delante y pudo ver el altar de la iglesia, que tenía justo enfrente. Regresó a casa por la noche y vio a su marido por primera vez en dieciséis años y medio. ¡No se podía creer lo blanco que se le había puesto el pelo!

Raniero Cantalamessa señala que los cristianos tienen dos medios para afrontar sus problemas y, muy especialmente, el problema de la enfermedad: la naturaleza y la gracia.

> La *naturaleza*, en este caso, indica la ciencia, la técnica, la medicina: en definitiva, todos los recursos que el hombre ha recibido de Dios en la creación y que ha desarrollado con su inteligencia; la *gracia* indica la fe y la oración, mediante la cual se consigue, a veces, si es voluntad de Dios, la curación, más allá de los medios humanos [...].
>
> El cristiano, ante la enfermedad, no puede limitarse a utilizar la «naturaleza», es decir, a fundar hospitales, uniéndose al Estado para proveer asistencia y consuelo, pues tiene un poder propio, que le ha sido dado por Cristo: «Les dio *poder* para curar toda clase de enfermedades y dolencias» (Mateo 10,1). No puede pecar de omisión, dejando de recurrir a este poder; tiene que dar una esperanza a quienes la ciencia niega toda esperanza.[6]

Evidentemente, no todas las personas por las que oramos son necesariamente sanadas, y ningún ser humano puede evitar, en última instancia, la muerte. Nuestros cuerpos son corruptibles. A un cierto punto, lo más adecuado puede ser preparar a una persona para la muerte, en vez de orar por su sanación. Ciertamente, el amor y el cuidado demostrados a los moribundos en el «movimiento hospicio»[7], por ejemplo, confieren dignidad a los enfermos terminales y es otra manera de poner en práctica el mandato de Jesús de cuidar a los enfermos. En estos casos, tenemos que ser sensibles a la guía del Espíritu Santo.

Aún así, debemos estar abiertos a orar por la sanación de la gente[8]. Cuanto mayor sea el número de las personas por las que oremos, mayor número de sanaciones podremos presenciar. Los que no son sanados hablan, a menudo, de la bendición de haber recibido la oración de los demás —siempre que se ore por ellos con amor y sensibilidad—. Recuerdo que en una ocasión, siendo estudiante en la facultad de Teología, algunos de nosotros oramos por un hombre que tenía mal la espalda. No creo que se sanara, pero, poco después, me dijo: «Es la primera vez, desde que estoy en la facultad de Teología, que he sentido que alguien se preocupaba por mí».

Algunos reciben dones especiales para sanar enfermos (1 Corintios 12,9). En la actualidad, encontramos ejemplos de personas, dispersas por todo el mundo, que tienen un don extraordinario de sanación. Eso no quiere decir que se lo dejemos todo a ellas. El mandato de sanar es para todos nosotros. Del mismo modo que no todos tenemos el don de ser evangelizadores o evangelistas, pero estamos llamados a compartir con los demás la buena nueva, tampoco todos tenemos el don de sanación, pero estamos llamados a orar por los enfermos.

¿Cómo podemos orar, en la práctica, por los enfermos? Es fundamental recordar que Dios es el que sana, no nosotros. No se requiere ninguna técnica. Oramos con amor y sencillez. Lo que motivaba a Jesús era su compasión por la gente (Marcos 1,41; Mateo 9,36). Si amamos a la gente, siempre la trataremos con respeto y dignidad. Si creemos que es Jesús quien sana, siempre oraremos con sencillez, puesto que no es nuestra oración la que produce la sanación, sino el poder de Dios.

He aquí un modelo sencillo:

¿Dónde le duele?
Preguntamos a la persona que nos ha pedido nuestra oración cuál es el problema y por qué le gustaría que oráramos.

¿Por qué tiene la persona la enfermedad?
Naturalmente, una pierna rota o un accidente de tráfico

puede ser algo obvio, pero, en otras ocasiones, es posible que necesitemos pedir a Dios que nos muestre si hay alguna raíz que esté causando el problema. A una mujer de nuestra iglesia, por ejemplo, le dolía la espalda y la parte izquierda de la cadera, por lo que no podía dormir bien ni moverse con libertad en el trabajo. El médico le recetó un tratamiento para la artritis. Una tarde pidió que oraran por ella. La joven que estaba orando por ella dijo que le había venido la palabra «perdón» a la mente. No sin dificultad, la mujer fue capaz de perdonar a alguien que la había ofendido y, así, fue parcialmente sanada. Más adelante, mientras esta misma mujer oraba con otra persona diferente, sintió que debía escribir una carta a la persona a la que había perdonado informándole de su perdón. Cuando echó la carta al correo, se sanó completamente.

¿De qué manera puedo orar?

Hay varios modelos del Nuevo Testamento que solemos seguir. Son muy sencillos. Por lo general, oramos a Dios para que sane a la persona en el nombre de Jesús y pedimos al Espíritu Santo que descienda sobre ella. La oración puede, además, acompañarse de la unción con aceite (Santiago 5,14) o, más frecuentemente, de la imposición de manos (Lucas 4,40).

¿Cómo se siente?

Después de la oración, normalmente preguntamos a las personas cómo se sienten. En algunas ocasiones no sienten nada —en cuyo caso continuamos orando—. En otras, sienten que están sanadas, aunque sólo el tiempo lo determinará. Y en otras ocasiones, se sienten mejor pero no están completamente sanadas, en cuyo caso, procedemos como lo hizo Jesús con el ciego (Marcos 8,22-25): seguimos orando hasta que creamos que es conveniente parar.

¿Qué sigue a continuación?

Después de haber orado por la sanación, es importante asegurar a las personas que Dios les ama independientemente de si se han sanado o no, y darles la libertad de regresar para recibir de nuevo oración. Debemos evitar cargar pesos sobre las personas, como el de sugerir que su falta de fe es la que ha impedido la sanación. Siempre les alentamos a que continúen orando y a que se aseguren de que sus vidas estén enraizadas en la comunidad sanadora de la iglesia —que es el lugar en el que ocurre, con bastante frecuencia, la sanación a largo plazo—.

Por último, es importante perseverar en la oración por la sanación de las personas. Es muy fácil desanimarse, sobre todo si no vemos resultados inmediatos y espectaculares. Por eso, debemos continuar orando por obediencia al mandato de Jesús de predicar el reino y de sanar a los enfermos. Si perseveramos, veremos, a lo largo de los años, el poder sanador de Dios en funcionamiento.

Un día, me pidieron que visitara a una mujer que estaba ingresada en el Hospital de Brompton. Tenía alrededor de 30 años, era madre de tres hijos y además estaba embarazada. Su compañero la había dejado y estaba sola. A su tercer hijo, un niño con el síndrome de Down, le habían diagnosticado un soplo cardiaco que tuvieron que operar. La operación no había tenido éxito y, por tanto, el equipo médico quería apagar las máquinas que mantenían al niño con vida. Preguntaron en tres ocasiones a la madre si podían apagar las máquinas y dejar que el niño muriera. Ella se negó porque quería acudir a un último recurso. Quería que alguien orara por él. Así que, cuando llegué, la mujer me dijo que no creía en Dios, pero me mostró a su hijo. Estaba rodeado de tubos y su cuerpo estaba magullado e hinchado. También me dijo que los médicos le habían dicho que, aunque se recuperara, tendría daños en el cerebro porque su corazón se había detenido durante demasiado tiempo. Me preguntó: «¿Puede orar por él?». Así que oré, en el nombre de Jesús, para que Dios lo sanara. Luego, expliqué a la madre cómo podía entregar su vida a Jesucristo, y lo hizo. Me fui y regresé dos días después. La mujer vino corriendo hacia mí en cuanto me vio y me dijo: «He estado intentando localizarle; ha ocurrido algo maravilloso. La noche del día en que oró por él, su situación mejoró. ¡Se ha recuperado!». En pocos días, el niño ya estaba en casa. Intenté seguir en contacto con la madre, pero no sabía dónde vivía, aunque ella seguía dejándome mensajes en el teléfono. Después de unos seis meses, estaba en el ascensor de otro hospital y vi a una madre y a un niño que no reconocí a primera vista. La mujer me dijo: «¿Es usted Nicky?». «Sí», respondí. Continuó: «Éste es el niño por el que oró. Es increíble. No sólo se ha recuperado de la operación, sino que su capacidad auditiva, que antes era defectuosa, ha mejorado».

Desde entonces, he participado en dos funerales de otros miembros de esa familia. En cada uno de ellos, la gente, no practicante, se me ha aproximado y me ha dicho: «Usted es la persona que oró para que Craig se sanara y Dios le sanó». Todos creen que Dios le sanó, porque saben que se estaba muriendo. La transformación que se produjo en Vivienne, la madre del niño, también les impresionó muchísimo. Cambió tanto al encontrarse con Cristo que decidió casarse con su compañero, quien había vuelto a casa después de ver el cambio tan grande que se había producido en ella. Ahora están casados y ella ha sido transformada por completo. Durante el segundo funeral, Vivienne se acercó a todos sus familiares y amigos diciéndoles: «Yo no creía, pero ahora creo». No mucho tiempo después, el tío y la tía de Craig vinieron a la iglesia, se sentaron en la primera fila y entregaron sus vidas a Jesucristo. Lo hicieron porque sabían que habían visto el poder de Dios en la sanación.

Notas

1. Los dos términos son sinónimos. «Los cielos» era una expresión judía común para referirse a Dios sin mencionar el nombre divino. El contexto judío en el que se compuso el Evangelio de Mateo —a diferencia del carácter gentil de los evangelios de Lucas y de Marcos— es, probablemente, la razón que mejor explica esa diferencia.
2. Agustín de Hipona, *La Ciudad de Dios* (Bibliotheca Homo Legens, 2006), libro XXII, capítulo VIII, § 1, tercer párrafo.
3. Ibíd., libro XXII, capítulo VIII, § 3.
4. Ibíd., libro XXII, capítulo VIII, § 3a. N. del T.: Las intervenciones del médico y de la mujer aparecen intercambiadas en la edición española de *La Ciudad de Dios* aquí citada. El texto propuesto en la traducción, sin embargo, intenta ser fiel a la versión inglesa que ofrece el autor.
5. Ibíd., libro XXII, capítulo VIII, § 20-21.
6. Raniero Cantalamessa, *Ven, Espíritu Creador* (Monte Carmelo, 2007), pp. 328-329.
7. N. del T.: El «movimiento hospicio» —de origen anglosajón— tiene sus raíces en la obra de las doctoras Saunders y Kubler-Ross, quienes buscaron maneras de mejorar el proceso de la muerte en los pacientes terminales y de descubrir cuáles eran sus necesidades

en ese momento. Lo más importante de su trabajo es que despertaron conciencias sobre la importancia de los pacientes terminales como seres humanos únicos, dignos de todo respeto y con necesidades individuales que atender.

8. Hace algunos años, el Dr. Rex Gardner, miembro del Colegio Real de Obstetras y Ginecólogos llevó a cabo una investigación sobre algunos casos de sanaciones milagrosas. Su conclusión fue la siguiente: «La honestidad intelectual me exige afirmar que, después de descartar casos con diagnósticos dudosos, casos de características psicosomáticas significativas y casos en los que la sanación pudo atribuirse a terapias médicas complementarias o a una remisión espontánea, hubo casos en los que la medicina no logra explicar las sanaciones que ocurrieron. [...] En estos casos no se puede ignorar la oración constante a Dios que los caracterizó. Tampoco puede descartarse esa explicación y afirmar que simplemente hubo un estímulo psicológico, puesto que algunas de las sanaciones no tienen explicación psicosomática. [...] En términos absolutos, el número [de sanaciones milagrosas] parece estar aumentando considerablemente a medida que más iglesias se abren a esta acción de Dios. El porcentaje de sanaciones aumenta en la medida en que se permite al Espíritu Santo desarrollar ministerios en comunidades locales». R. F. R. Gardner, *Healing Miracles: A Doctor Investigates*, (Darton, Longman and Todd, 1986), pp. 205-206.

LIBROS PUBLICADOS POR ALPHA

Títulos disponibles en español:

¿Por qué Jesús? Este folleto de evangelización escrito por Nicky Gumbel corresponde al segundo y tercer tema de Alpha: «¿Quién es Jesús?» y «¿Por qué murió Jesús?». Se usa idealmente como obsequio para los invitados al inicio de Alpha y su lectura es recomendada a todos los participantes. En palabras de Michael Green, es «la presentación de Jesús más clara, desafiante y mejor ilustrada que conozco».

¿Por qué la Navidad? Es la edición navideña de *¿Por qué Jesús?* y es ideal para regalar a todo aquel que viene a la iglesia durante el tiempo navideño. Es, además, el recurso perfecto para promover Alpha en Navidad.

¿Por qué la Pascua? Es la edición de Pascua de ¿por qué Jesús? Se centra en la resurrección de Cristo y es ideal como un regalo gratuito de la iglesia durante la temporada de Pascua.

Temas candentes. Este libro contiene las respuestas que Nicky Gumbel da a las siete preguntas más frecuentes que hacen los participantes en Alpha. *Temas candentes* es para quienes buscan explicaciones a algunas de las preguntas más difíciles y complejas del cristianismo, tales como el sufrimiento, las otras religiones, el sexo antes del matrimonio, etc. Este libro también es para quienes están interesados en hablar a sus conocidos, familiares y amigos sobre Jesucristo. Contiene muchas respuestas útiles, tanto para quienes quieren usarlo como lectura personal, como para quienes lo necesitan como material de referencia para el diálogo en los grupos pequeños.

La fe que vence al mundo. «En junio de 2005, fue un gran privilegio recibir la visita del P. Raniero Cantalamessa, quien inauguró nuestra Conferencia Internacional de Alpha. Su discurso en esa ocasión, "La fe que vence al mundo", ha sido una inspiración para todos los que participamos en Alpha y le estamos enormemente agradecidos por permitirnos publicarla en este folleto» (Nicky Gumbel).

Él y Ella: Cómo establecer una relación duradera. Este libro best-seller por Nicky y Sila Lee es una lectura esencial para cualquier casados o novios. Actualizado y revisado.

El libro para padres de familia. Basándose en su experiencia personal, Nicky y Sila Lee aportan nuevas ideas y tiempo-probados valores para la tarea de criar a sus hijos. Lleno de valiosos consejos y consejos prácticos, el libro sobre la crianza de los hijos es un recurso para los padres a volver una y otra vez.

Si quieres saber más sobre Alpha, contacta:

La oficina de Alpha International
Alpha International
Holy Trinity Brompton
Brompton Road
Londres SW7 1JA
Reino Unido
e-mail: info@alpha.org
alpha.org

En las Américas
Alpha América Latina y el Caribe
e-mail: latinoamerica@alpha.org
e-mail: recursos@alpha.org
alpha.org/Latinoamérica

Alpha Argentina
e-mail: oficina@alpha.org.ar
alpha.org.ar

Alpha Colombia
e-mail: oficina@alphacolombia.org
alpha.org/colombia

Alpha Costa Rica
e-mail: latinoamerica@alpha.org
alpha.org/latinoamerica

Alpha México
e-mail: oficinamexico@alpha.org.mx
alpha.org/mexico

Alpha EE.UU.
e-mail: questions@alphausa.org
alphausa.org

En Canadá
Alpha Canadá
e-mail: office@alphacanada.org
alphacanada.org

En España y Europa
Alpha España
e-mail: info@cursoalpha.es
alpha.org/espana

www.ingramcontent.com/pod-product-compliance
Lightning Source LLC
Jackson TN
JSHW082132200925
91341JS00003B/4